곽영화의 부마민주항쟁 그림일지

시월

글·그림 **곽영화**

일러두기

이 그림일지는 실제 역사를 바탕 삼아
작가의 주관적 시선이 더해진 창작물입니다.

글·그림 **곽영화**

1962년생. 서양화를 전공하고 대학원에서 미학을 전공했다.
17회의 개인전과 400여 회의 국내외 단체전 및 기획전, 아트페어 등에 참가했다.
1987년 부산에서 '그림패 낙동강'을 시작으로 현재까지 사회적 리얼리즘에 관심을 두고 활동하고 있다. 한국의 전통적 미의식을 현대화시키고, 근·현대사를 가로지르며 겪는 한국인의 고단한 삶과 애환을 위무하는 데 초점을 맞추고 있다.
현재 (사)부산민예총 이사장, 부마민주항쟁기념재단 이사,
(사)민족미학연구소 이사를 맡고 있다.

차례

추천사
    부마민주항쟁기념재단 이사장 박상도   006
    부산대학교 명예교수 채희완   008

항쟁의 배경   010

16일   025

17일   065

18일   092

19일과 그 이후   146

작가의 말   166

추천사

　이 책은 부산과 울산을 대표하는 2세대 민중미술 작가 곽영화가 우리나라 4대 민주화운동 중 5·18민주화운동과 6월민주항쟁의 토대가 된 부마민주항쟁에 바치는 헌사입니다. 작가는 부마항쟁 발발 전부터 그 이후까지 장대한 역사를 세밀한 붓 터치로 풀어냈습니다. 긴 인고의 시간과 고통스러운 산통을 거쳤음이 분명해 보입니다.

　부마항쟁의 매 순간을 그림과 짧은 글로 시각화한 이 책은 단순한 그림책이나 기록물이 아닙니다. 모든 과정을 낱낱이 그려낸 그림은 그 자체로 훌륭한 미학적 가치를 지니는 훌륭한 예술작품입니다. 그런 그림들이 책 한 권으로 엮인 것입니다.

　이로써 이제 우리는 이름 없는 민중이 써 내려간 놀라운 투쟁의 역사, 항쟁의 드라마를 눈으로 직관할 수 있게 되었습니다. 부마민주항쟁의 전모를 한 호흡으로 포착할 수 있는 솜씨 좋은 기록물이자 미적 가치가 뛰어난 예술작품을 얻었습니다.

곽영화 화백은 부마민주항쟁기념재단의 이사로서 활동하고 있을 뿐 아니라 현재 부산민족예술인총연합(부산민예총)의 이사장을 맡고 있습니다. 작품 활동을 왕성히 하는 일선 작가일 뿐 아니라 주어지는 사회적 책임을 회피하지 않는 실천가이기도 합니다.

작가와 실천가, 두 가지 정체성으로 임한 그의 이번 작업은 예술과 역사, 미학과 공동체 기억을 하나의 형식으로 엮어낸 보기 드문 성취입니다. 시대와 민중 앞에 바치는 진정한 예술가의 응답이라 할 것입니다.

2025년 10월
부마민주항쟁기념재단 이사장 박 상 도

추천사

곽영화 화백은 있되, 그대로 있지 않고 있음직한, 있어 마땅한 세상을 그리워하고 이를 그려왔습니다. 그이의 언표대로 해원과 상생과 이상향의 세계입니다. 그리워 그리는 그리움의 그림입니다.

그이에게는 어둡고 황량한 현실 소재도 모두가 고달픈 삶을 위무하는 굿그림이 되고 맙니다. 혹간 못살게 구는 못된 것들을 쳐 물리치는 살풀이의 굿그림이더라도, 이에서 한걸음 더 나아가거나 한 발 뒤로 물러나서 씻김과 되물림과 잠시 휴전과 평화의 세상입니다. 어떤 때는 현실 삶도 둥둥 떠다니고, 선경 속에서 밤들이 노니는 선유풍경이 됩니다. 6년 전 그린 단원 김홍도 풍의 세한도도 더없는 적막감이 아니라 봄물이 오르는 듯한 푸근한 적막감의 풍경이었습니다.

그이는 미래지향적이라기보다 그렇게 되어 있음직한 본향을 추구합니다. 그래서 그이는 어느 누구보다도 미래파이되 기존 미래파와는 달리 쾌속 질주와 기계문명의 에너지와 거센 활력을 거부합니다. 핵심은 그러한 원시반본의 생명감정이 어떻게 현대 삶의 현실인식을 일깨울 것인가. 이를테면 그 생명적 리얼리즘이 정곡입니다.

곽 화백은 이제 오늘 현실을 타개하는 새로운 그림 방식의 하나로 1979년 부마민주항쟁을 주제로 한 그림일지를 내놓았습니다.

1979년 10월 16일에 시작된 부산과 마산의 민주항쟁은 10월 19일 내려진 위수령으로 일시 멈췄지만, 이어서 18년간 지속된 유신독재정권을 무너뜨린 시민혁명으로 나아갔습니다.

이 그림일지는 이러한 성공담을 16일에서 19일 밤까지 2~3시간 단위로 촘촘히 짜놓은 시간의 그물망 속에 시위대 중심의 활동상으로 재현해 놓았습니다.

　　시위대의 격렬한 선언문구나 참가자의 절박한 목소리는 지문의 몇몇 구호로 갈물히게 하였고, 역동적일 수밖에 없는 시위군중의 한 사람 한 사람 모습이 병아리군무인 양 단순집체화된 형상인데다, 그림 속 멈춘 시간 속에 동작마저 멈추게 한 속도감 없이 성실하기만 한 필치 또한 곳곳에 보여 우리를 답답하게도 합니다. 부마항쟁이라는 고지를 재밌게 인상적으로 단숨에 오르려던 심정에 찬물을 끼얹었습니다. 그러나 여기에 날카롭고도 한결 부드럽고도 포근하게 이성적 작용을 불러들입니다. 바로 이 점이 생각 끝에 눈물이 나도록 하는 곽 화백의 품성이자 화풍입니다.

　　날카로운 시간들에 부드럽게 파고든 시위대의 그림 이미지들은 부마항쟁이 오늘 나의 삶과 무슨 상관이 있는가, 그래서 이런 그림의 부마항쟁 때문에 우리는 지금 어떻게 살고 있는가를 묻고 있습니다.

　　이 그림일지로 곽영화 화백의 새 세상맞이 굿그림은 그 기초가 더욱 단단해졌습니다. 살만한, 삶직한, 살아 마땅한 세상 찾아 떠나가는 거리를 튼튼히 놓았습니다.

　　이 그림일지를 보는 우리도 다음 단계로 살아야 할 세상이 어디로 가야 하는지를 느껴 알 수 있을 것입니다.

2025년 10월

부산대학교 명예교수 채 희 완

곽영화의 부마민주항쟁 그림일지

시열

항쟁의 배경

1945년 해방되고 1950년 한국전쟁이 발발하자 수많은 사람이 부산으로 몰려왔다.
1960년에는 이승만 정권의 3·15부정선거로 4·19혁명이 일어났다.
1961년 5월, 박정희 소장이 군부세력으로 쿠데타를 일으켜 새로운 정권이 들어섰다.

수많은 농촌 사람이 가난을 벗어나기 위해 도시로 이주했다.
부산과 마산에 공장이 생기고 건물이 올라갔다.

부모와 함께, 형제들과 함께….
도시로 온 수많은 아이 중에는 가난 때문에 학교보다 공장에 나가는 경우가 많았다.

1972년.
박정희 정권은 유신헌법으로 장기집권을 시작했다.
이듬해 마산에는 '마산수출자유지역' 공단이 세워졌다.
농촌에서 온 수많은 어린 여공이 공단에 새벽 출근을 시작하고….

부산의 서면로터리는 아침마다 공장으로 출근하는 남녀노소 노동자들로 버스가 가득했다.

1979년 8월.
서울의 어느 가발공장에서 일하던 여공이 죽었다.
유신헌법이 강행되어 시국이 불안한 나날이었다.

신발공상, 섬유공상, 가발공장, 합판공장….
출근, 퇴근, 출근, 야근, 퇴근….
어린 노동자들은 대학생이 가르치는 야학에서 배움을 이어갔다.

공장 일을 마치면 자취방에서
또래끼리 모여 공부하거나
자신의 미래를 그리는 이야기를
옹기종기 나누었다.

9월 17일.
부산공업전문대학 학생들은 유신헌법이 박정희 정권의 장기집권을 위한
악법이라는 사실을 학생들과 시민들에게 알리고자 '선언문' 전단지를 만들어 배포했다.
학교 게시대에 올라가 메가폰을 들고 큰 소리로 '선언문'을 읽었다.

500명이 넘은 학생이 소식을 듣고 달려왔다.
그러나 시위 학생들은 교수들에 의해 사무실로 끌려가 구타를 당하고 경찰서로 연행되었다.

한편 부산대학교에서는
낭만이 가득한 상아탑 아래
도처에 학생을 감시하는
사복경찰들이 있었다.

그런데도 굴하지 않고 함께
공부하고 토론하며 나라와
사회의 미래를 그리는
학생들이 많았다.

10월 14일.
경찰의 눈을 피해 몇 학생이 전포동 보림여관에서 밤새 '민주선언문' 전단지를 만들었다.

10월 15일 아침.
학우들이여, 학우들이여….
용기 있는 학생들이
'민주투쟁선언문'도
만들어 뿌렸지만….

실패, 실패, 또 실패….
학생들의 호응은 미비했다.

16일

10월 16일.
학생들은 포기하지 않았다.
또 다른 학생이 자기 집 다락방에서 친구들과 함께 밤새 '선언문' 전단지를 만들었다.

아침이 밝았다.
어제와 다르게 학생들은 시위를 주도한 학우를 목말 태우고는 마음껏 구호를 외치기 시작했다.
"유신철폐, 독재타도!"

캠퍼스를 감시하던 사복경찰들이 달려와 학생들과 몸싸움을 벌였다.
학생들은 자신의 얼굴을 찍던 경찰의 사진기에서 필름을 빼앗았다.

사복경찰과 교수들의 방해로 학생들이 쫓기는 와중에
수백 명의 학생이 도서관 앞에 모여 시국을 토론했다.

그리고 서로의 어깨를 걸고
구호를 외치며 운동장으로 내려갔다.

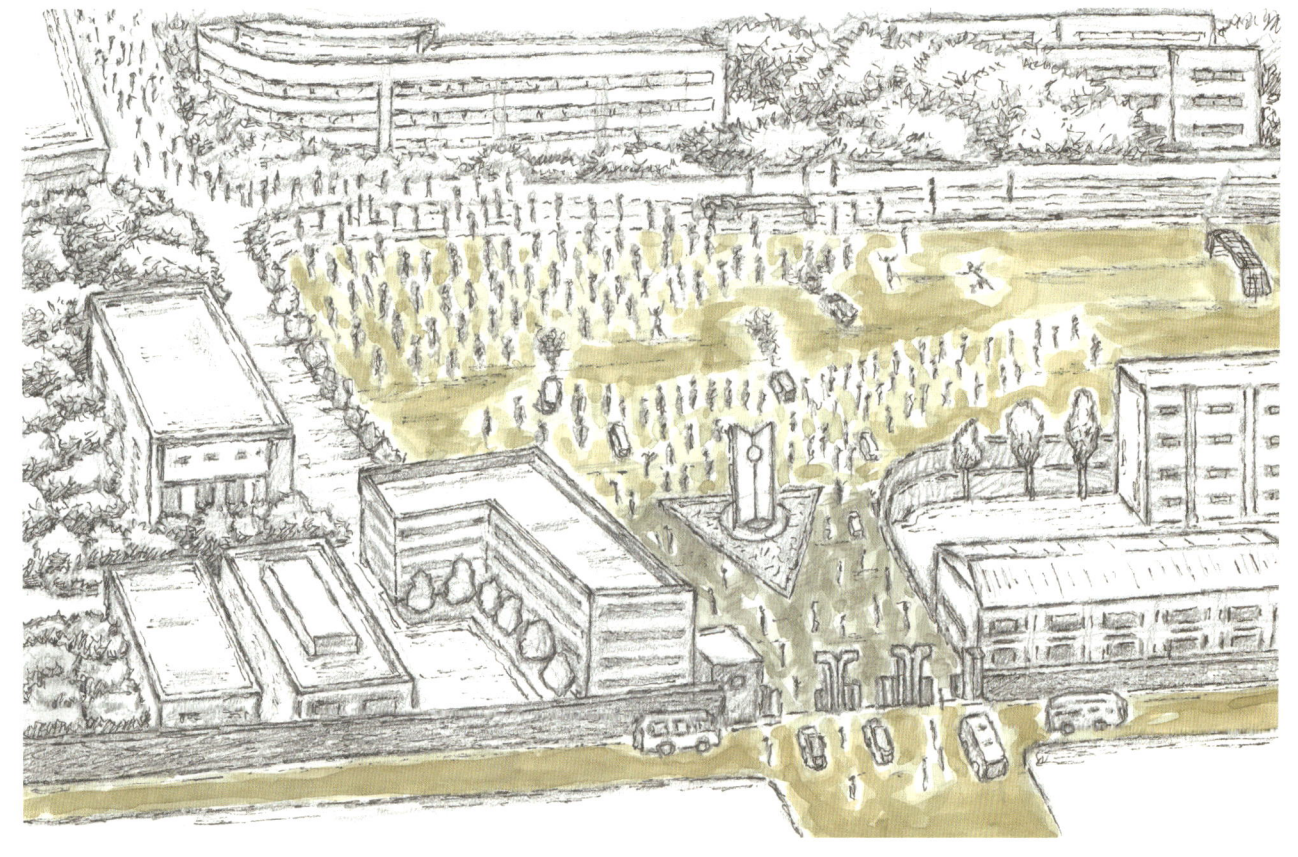

함성을 들은 수많은 학생이 달려와 눈덩이처럼 불어났다.
운동장에는 5,000명이 넘는 학생들이 구호를 외쳤다.
다급하게 출동한 경찰은 운동장에 난입해 최루탄을 쏘며 시위대를 해산시켰다.

오전 10시 55분.
"학교 밖으로 나가자!"
"유신헌법이 악법인 것을 시민들에게 알려야 한다!"
천여 명의 학생이 경찰이 둘러싼 학교를 옛 정문으로 빠져나가기 시작했다.

오전 11시 30분.
또 다른 학생들은 사범대학부속고등학교의 담벼락을 허물어 포위망을 피했다.
산길을 돌아 학교를 나온 학생들도 있었다.

학생들은 도로를 내달려 동래 온천장에 도착했다.

실습복을 입은 의과대학 학생들도 학과별로 무리를 지어 참여했다.

낮 12시 20분.
함성과 함께 산업도로를 걷고,
동래경찰서를 지나는데….

온천교에서 기다리는 경찰과 마주했다.
"시내로 가야 하는데 막혔어!"

"비켜라, 비켜라!"
돌을 던지고 저항하며 시위했으나 몇몇 학생은 경찰에게 구타를 당하고 경찰서로 연행되었다.
시내 진출이 가로막혔다.

오후 1시.
"시내 미화당백화점에서 모이자!"
학생들은 삼삼오오 버스를 타고 시내로 이동했다.

오후 2시.
광복동 미화당백화점과 골목에 수많은 학생이 모이기 시작했다.

광복동, 남포동, 충무동, 신창동.
곳곳에서 시위가 산발적으로 열리며 학생들은 흩어졌다 모였다를 반복했다.
학생들의 시위 소식에 경찰도 무장하여 집결했다.

부영극장 앞에 모인 학생들은 시위의 시작을 알리는 신호를 기다리며 입소리를 내기 시작했다.
"오~웅 오~웅~"
수많은 학생의 입에서 나오는 소리는 경찰에 위압감을 주며 거리를 무섭게 메웠다. 마치 벌떼소리 같았다.

오후 2시가 지나자 구호가 터져 나왔다.
"유신철폐, 독재타도, 박정희는 물러가라!"

구호와 함께 커다란 돌이 경찰을 향해 공중을 날아올랐다.
오랫동안 유신정권의 억압에 눌린 시내 한복판에서 시위가 시작되었다.

순식간에 대열을 만든 학생들은 도로와 골목을 뛰어다니며 구호를 외쳤다.
"유신철폐, 독재타도, 박정희는 물러가라!"
인근의 국제시장, 깡통시장까지 거리마다 학생들의 구호가 번져갔다.

오후 3시 30분.
미문화원 앞 도로도 학생들로 가득차기 시작했다.

어떤 학생들은 무리를 지어 자갈치시장을 달리기도 했다.
"유신철폐, 독재타도!"
"유신철폐, 독재타도!"

그러나 무장한 경찰의 진압은 매서웠다.
몽둥이를 피해 학생 시위대는 쫓기며 흩어졌다.

오후 4시 30분.
창선파출소 앞에서 경찰의 무리한 진압이 벌어졌다.
학생들이 다치고 경찰버스에 연행되었다.

시간이 갈수록 치열해지는 시위에 맞서는
경찰의 폭력적인 진압에
크게 놀란 가게 아주머니들이 항의를 하고…

어떤 상점 주인은 쫓기는 학생들을 가게에 숨겨 주기도 했다.
"퍼뜩 들어온나, 숨어라!"

저녁까지 이어진 경찰의 폭력 진압에 부상자가 속출했다.
시위하던 어느 여학생은 경찰의 진압봉에 맞아 머리를 크게 다치기도 했다.

저녁 8시 50분.
시청 인근인 남포파출소 앞에서 격렬한 시위가 펼쳐졌다.
이에 맞서 경찰의 페퍼포그 차량도 최루가스를 뿜으며 시위의 기세를 진압했다.

낮부터 이어신 시위로
학생들은 지치고 허기졌다.
상인들은 김밥과 물, 박카스를
건네며 격려하거나 그들의
열기에 박수쳤다.

학생들이 광복동 도로에
주저앉아 구호를 외칠 때에는
건물마다 시민들이 담배를
무더기로 던져 주었다.

밤 10시 50분.
시위가 계속되며 규모가 더욱 커졌다.
보수동 흑교파출소로 몰려간 학생들이 돌을 던져 창문을 깨뜨리기도 했다.
"유신철폐, 독재타도!", "박정희는 물러가라!"

도로를 메운 시위대는 <아침이슬>과 <봉선화>, <애국가>를 부르며 계속 행진했다.

밤이 깊어지면서 부상자도 늘어났다.
시위대는 다친 학생들을 부축해서 골목길로 피신시켰다.

"유신철폐, 독재타도!"
"18년 독재를 이제는 끝장내자!"
학생들은 더욱 결의를 다지고….

폭력 진압에 맞서고자 시위대는 돌을 던져 부평 파출소를 부수었다.

거미줄 같은 보수동 책방 골목에는 학생을 검거하려는 사복경찰들이 진을 치기도 했다.

국제시장에서는 상인들이 경찰에게 욕을 하며 연탄재를 던졌다.

"학생들이 고생하는데 우리가 보고만 있을 수 없다!"
밤이 깊어지면서 시위대열에 시민들이 하나둘 모습을 드러내기 시작했다.
부영극장 앞에는 학생과 시민이 함께 만든 시위대열이 형성되었다.

시위대는 힘을 모아 시위를 감시하는 경찰 차량을 넘어뜨렸다.

도로를 지나는 방송 차량에도 돌을 던졌다.
시위대 모습이 촬영되면 시위 가담의 증거가 되어 경찰에게 활용되기 때문이었다.
유신정권에 순응만 하는 언론과 방송에 대한 응징이기도 했다.

동아대학교를 비롯한 여러 대학교 학생들이 합류해 시위대 인원은 점차 불어났다.
골목에 숨었다가 기회를 틈타 분노를 드러내는 게릴라 시위대도 늘어났다.

밤이 깊어지자 가게는 하나둘 문을 닫았다.
시내버스도 운행을 멈추고
시위대도 하나둘 해산하기 시작했다.

지치고 고단하지만 기세가 오른 대학생 시위자들은
집으로 향하며 만세를 외치기도 했다.

17일

부산대학교 교문 앞에 휴교령 팻말이 세워졌다.
전날인 16일 저녁 8시에 교수들이 휴교를 결정한 것이다.
17일은 '유신헌법 선포 7주년'이 되는 날이었지만 700여 명의 학생들이 유신철폐와 학원사수를 외치며 교내행진을 벌였다.

신문과 흑백 TV의 아침 뉴스는 '부산에 폭력시위'를 보도 제목으로 삼아,
파출소를 파손하는 시위대의 폭력성을 강조했다.

아침부터 동아대 학생들은 도서관 앞에서 집회를 준비했다.
하지만 교수들의 제지로 성공하지 못하고…
일부 학생들은 학생과 사무실로 불려가기도 했다.

오후 2시.
교련수업에서 시작을 한 동아대학교 시위는 학내시위로 발전했지만…
경찰 제지에 가로막혀 부영극장 앞에서 모이기로 했다.
"6시에 부영극장 앞에서 보자!"

오후 4시.
마산의 경남대학교 옥상에서 학생 몇이 모여
어제 일어난 부산의 시위 소식을 공유하고 경남대학교의 시위 준비를 의논했다.

같은 시각,
광복동과 남포동이 붐볐다.
어제의 시위를 계속 이어가는
부산대 학생들과 더불어 동아대
학생들이 모였다.

부영극장 앞에는
동참을 호소하는 벽보가 붙어
오늘도 시위가 있음을
시민들에게 알렸다.

오후 5시.
국기 하강식에는 대학생과 시민들이 모두 오른손을 왼쪽 가슴에 얹어 애국가를 불렀다.
"대한사람 대한으로 길이 보전하세~"

오후 6시.
육교의 광고판을 떼는 소리로 시위 시작을 알리기로 했으나
손으로는 풀리지 않아 어느 대학생이 육교에서 소변을 누기도 했다.
육교 아래, 시민들의 항의 소리가 시위를 시작하는 신호가 되었고….

부산대학교와 동아대학교의 수많은 학생들이 부영극장 앞 도로에 앉아 애국가를 불렀다.
고신대학교를 비롯한 다른 대학교 학생들과 고등학생, 재수생들도 합류하기 시작했다.

서서히 만들어진 대열은 국제시장, 법원, 미문화원 방향으로 움직이는 거대한 행렬이 되었다.
"유신철폐, 독재타도, 언론자유!"
"박정희는 물러가라, 구속학생 석방하라!"

대규모 시위대를 진압하는 경찰이 본격적으로 투입되었다.
흩어진 시위대들은 곳곳에서 구호를 외치며 시위를 펼쳤다.

광복동의 대각사 앞에는 고등학생과 중학생도 시위에 가담하고 구호를 외쳐 경찰을 당황하게 만들었다.
"유신철폐, 독재타도!"

오후 7시.
격렬해진 시위대는 어제에 이어 다시 파출소를 무너뜨리기 시작했다.

집으로 가던 여고생은 경찰이 쏜 최루탄 파편에 눈을 다쳐 침례병원에서 응급수술을 받았다.
하지만 커다란 후유증이 남고 말았다.

부산역에는 목수와 공사 인부, 일용 노동자들이 모여 격렬히 시위했다.
경찰은 최루탄과 사과탄으로 대응했다.

서면 태화극장 앞에서는 경찰들이 2시간 동안이나 군화발로 시위대를 구타하기도 했고….

부평시장 밀가루골목에는 경찰 진압봉에 맞아 머리를 크게 다친 시민을 영도의 병원으로 옮기기도 했다.

저녁 7시 30분.
퇴근한 시민들이 청년들과 함께 시위대에 합류하기 시작했다.
경남도청 앞에는 격렬한 시위로 각목과 유리병과 벽돌이 즐비했다.

시위대는 KBS부산방송국으로 진입하여 집기류와 전화기, 중계차 등을 부수며 구호를 외쳤다.
MBC부산방송국과 부산일보도 공격했다.
"언론자유, 언론자유, 어용언론 물러가라!"
"박정희는 물러가라!"

밤 9시 50분.
시청과 200m 거리에 있는
남포파출소는 시위대의
방화로 불길이 일었다.
경찰관들도 부상을 입었다.

밤 9시 55분.
중부경찰서는 시위대
수백 명이 던진 돌에
외관이 크게 파손되었다.
경찰차량이 급하게
피신하기도 했다.

밤이 깊어지자 더욱 격렬해진 시위는 동구와 진구를 비롯한 부산 전역으로 퍼져나갔다.
메리놀병원 앞 영선고개에는 경찰과의 대치로 부상자가 속출했다.

밤 11시 15분.
시위대는 흑교파출소를 또다시 부쉈다.
박정희 대통령의 사진과 각종 집기와 서류, 창문이 모두 파손되었다.

미문화원 앞에는 시찰을 나온 군사령관과 경찰 순찰차가 시위대에게 포위되어 파손되었다.
사령관과 헌병, 경찰관은 모두 도망갔다.

자정 무렵.
부산진역에는 무장한 군 병력을 태운 수십 대의 트럭이 진입하기 시작했다.

한편, 제사를 지내던 시민들은 경찰에게 쫓기던 학생을 구해주기도 했다.
"와 이래 늦게 왔노. 퍼뜩 제사 지내자!"

깊은 밤의 골목….
사복경찰들은 귀가하는
시위자들을 색출하여
무분별하게 체포하고….

격렬한 시위를 마치고
귀가한 학생은 집에
와서야 발톱이 빠진
것을 알았다.

경찰서 유치장은 연행된 학생들과 시민들로 가득했다.
진압봉에 맞아 흐르는 피와 최루탄과 사과탄에 입은 상처들…
저마다 옷이 찢어지고 땀과 오물에 더럽혀졌지만 얼굴에는 미소가 흘렀다.

18일

10월 18일.
자정부터 부산지역에 비상계엄령이 내려졌다.
'집회와 시위, 단체 활동 금지, 언론과 출판, 보도방송 사전검열, 모든 대학교의 휴교, 야간의 통행금지는 22시에서 04시…
위반할 경우 영장 없이 체포, 구금, 압수수색 가능…'

이어 새벽부터 공수부대와 해병대로 구성된 계엄군이 도심과 시청에 들어섰다.
부산대학교와 동아대학교 안에도 진입했다.

시내 곳곳에는 착검한 총으로 무장한 계엄군의 경비로 분위기가 살벌했다.

아침 7시.
마산의 경남대학에서는 세 종류의 격문이 부착되었다.

전날인 17일 저녁, 경남대학 학생이 부산의 시위 소식을 듣고 학교 도서관에서 궐기를 촉구하는 일이 있었던 것이다.
"지금 부산에 어떤 일이 일어나고 있는 줄 아시오! 우리가 이렇게 시험 공부나 할 때입니까!"

오전 11시 30분.
경남대학도 휴교령을 내렸다.
교수들과 사복경찰의 감시가 심했지만,
몇 명의 학생들이 도서관 앞에서 시위를 준비했다.

이날 아침.
부산여자대학 500명의 학생들은 계엄령에도 불구하고 시위행진을 펼쳤다.
시위대는 캠퍼스가 있는 양정동을 나와 노동회관을 지나 서면로터리를 향했지만 경찰에 의해 해산되었다.

낮 12시 20분.
휴교령이 내린 부산대학교에 '부산지구계엄사령부'가 차려졌다.
보안사령관 전두환이 방문하여 더욱 강경하고 폭력적인 진압을 요구하며 격려금을 전달했다.

진주의 경상대 학생들은 부산의 시위 소식을 듣고 도서관 앞에서 지지 시위를 했다.

오후 1시 30분.
경남대학 도서관 앞 연못 월영지에서 시국토론회가 열렸다.
용기 있는 학생이 '자유'와 '진리'를 언급하며 유신정권의 폭정과 반민주성을 토로했다.
부산의 시위 소식을 접한 경남대학생의 시국에 대한 울분이었다.

오후 2시.
2,000여 명의 학생들은 시국토론회를 마치고 교문 밖으로 진출을 시도했으나…
굳게 닫힌 교문과 교수의 제지로 대치하는 상황이 이어졌다.

교문 밖으로 진출을 시도한 투석전은 경찰에 의해 좌절됐다.
교문 밖 건물에서는 사복경찰들이 사진을 채집하기 시작했다.

오후 2시 30분.
운동장에 모인 학생들이 스크럼을 짜고 구호를 외치며 행진했다.
그리고 삼삼오오 무리를 지어 후문으로 나가기 시작했다.
"3·15의거탑에서 모이자!"

학생들은 무학산의 비탈진 산복도로를 행진하며 창원군청을 쏜살같이 지나갔다.

제일여고 앞 산복도로 멀리 아름다운 바다와 크리스탈호텔이 보였다.
행렬이 중앙고등학교를 지날 때는 수업 듣던 학생들이 응원의 박수를 보냈다.

연애다리 앞에서 학생들은 진출을 가로막는 경찰과 치열하게 대치했다.
몇 명의 학생은 연행을 당하기도 했다.

걷고, 뛰고, 드디어 도착한 곳.
자산동 몽고간장과 무학국민학교를 지나 드디어 3·15의거탑이 보였다.
이승만정권의 3·15부정선거에 맞서는 4·19혁명의 정신이 서린 가슴 뛰는 곳이다.

오후 5시.
3·15의거탑에 모인 이들이 한마음으로 희생자들을 묵념으로 기렸다.
도로를 가득 메운 학생들과 시민들의 박수와 격려 속에서 시국토론회가 열렸다.

"지금 우리가 분연히 일어나 3·15의거와 4·19의 정신을 이어서
박정희 유신정권과 오래된 독재를 끝장내야 합니다!"
어느 여학생의 절절한 연설이 모든 군중의 마음을 울렸다.

이윽고 경찰이 진압을 시작했다.
부산의 시위 소식과, 박정희 독재정권이 영원히 집권하고자 통과시킨
유신헌법의 부당함을 알리기 위해 학생들은 분수로터리로 향했다.

하지만 이미 진을 친 경찰이 진압봉으로 방패를 두드리고 있었다.
학생들은 행진이 제지되자 귓속말과 손바닥에 쓴 볼펜글로 조용히 새 전략을 전달했다.
"시내로 가자!"

저녁 6시, 마산 시내.
미리 자리 잡은 경찰들의 삼엄한 감시로 창동 번화가는 긴장감이 서렸다.
이는 동시에 대규모 시위대가 오고 있다는 징후이기도 했다.

저녁 6시 20분.
마산 창동, 불종거리에서 시위가 시작되었다.

격렬한 창동의 시위는
부산의 열기를 이어갔지만
경찰도 가만히 있지 않았다.
폭력적인 진압은 체포와
연행으로 이어졌다.

창동의 남성동파출소
앞에는 시위대와 경찰의
대치가 치열했다.
시위대는 보도블록을
깨뜨려 던졌고 경찰은
최루탄을 난사했다.
그 시각에 다른 시위대는
신마산경찰서를 부수기
시작했다.

저녁 7시.
부산의 수산대 학생 500명은 교내 시위를 펼쳤지만 계엄군에게 해산되었다.

남포동 도심에서도 시위가 다시 벌어졌다.
최루탄과 사과탄의 매운 가스가 도로를 가득 메웠다.
사복경찰들은 건물 옥상에서 시위대의 얼굴을 촬영하기에 여념이 없었다.

다른 건물 옥상에서는 시위대의 전단이 뿌려졌다.
"부산시민 여러분, 도와주십시오!"
"계엄철폐, 유신철폐, 독재타도, 언론자유!"

깊은 밤까지 시위가 이어진 마산 시내 창동의 불종거리 사거리에도 부상자가 속출했다.

저녁 7시 30분.
창동 시민회관 앞에서 경찰과 시위대의 육박전과 투석전이 벌어졌다.
시민이건 학생이건 여성이건 구분 없이 부상자가 속출했다.

부상을 입은 이들은 인근 외과병원에서 무료로 응급치료를 받았다.
"마산은 민주의 성지 아이가! 박정희는 물러가야지!"

창동 불종거리의 대진백화점 5층에서는 요리사가 경찰에게 맥주병을 던지기도 했다.
상가의 상인들은 바가지로 경찰에게 물을 뿌렸다.
마침 콜라병을 가득 실은 트럭이 세워져, 콜라병은 시위용품이 되었다.
자갈을 가득 실은 트럭이 시위대 옆에 자갈을 쏟아붓고 사라지기도 했다.

이어 마산수출자유지역 노동자들이 퇴근하고 행렬에 합류했다.
상인과 회사원들까지 가세해 시위행렬은 거대해졌다.

저녁 7시 55분.
계엄령이 떨어진 부산의 영선고개에서는 시민들과 학생 300명이 모여 시위대를 이뤘다.
고등학생들도 여기에 참여했다.

저녁 8시.
부산의 시위대가 남포파출소를 다시 부수기 시작했다.

마산시민들은 물과 김밥과 빵을 시위대에게 나누어 주었다.
학생들은 <나의 조국>을 부르고 경찰은 <무찌르자 오랑캐>를 불렀다.

마산 어시장 사거리에도 경찰의 폭력 진압으로 부상자가 속출했다.
연행되는 학생들도 부지기수였다.
놀란 상인들이 항의하는 한편, 중·고등학생들까지 시위대에 가세하기 시작했다.

저녁 9시 5분.
시위대는 경찰의 폭력과 연행에 울분을 터트리며 남성동파출소를 다시 부쉈다.
그리고 경찰서에 끌려간 시위대 20여 명을 구출했다.

저녁 8시.
날이 어두워지면서 시위가 격렬해졌다.
학생들은 "질서유지, 질서유지!" 구호를 외치며 시위대를 자정시켰다.
시민의 피해를 방지할 때는 "시민보호, 시민보호", 경찰에게 쫓길 때는 "시민협조, 시민협조"를 외쳤다.

시위대는 주택과 상점 등에 소등을 요구했다. 지나가는 택시들에게도 항의했다.
"불 꺼라, 불 꺼!"
3·15 의거 당시 사진 찍힌 시위자들이 경찰에 체포된 과거를 마산시민은 기억하고 있기 때문이다.

자유수출지역으로 행진하는 시위대는 해안의 어시장과 홍콩빠를 지나 먼 거리를 달렸다.
발걸음에 구호를 맞추기도 했다. "유신, 철폐! 유신, 철폐!"
상인들은 웃으며 잘한다고 박수를 보냈다.

저녁 7시 25분.
"불 꺼라!" 시위대 구호에 모든 상가 불이 꺼졌다. 교통도 두절되었다.
오동동 다리에서는 400명이 넘는 시위대 규모에 놀라 경찰이 도망갔다.
그들이 버리고 간 경찰트럭 1대는 시위대가 다리 아래로 밀어 무력화했다.

저녁 8시.
북상하는 태풍으로 비가 쏟아졌다.
1,000명이 넘는 시위대는 박정희 정권의 경남 민주 공화당사 사무실에 쳐들어가 기물을 파손했다.

"자기들끼리 천년만년 호의호식하는 놈들…"
"확실하게 뿌사뿌자!"
현판은 불을 태웠고 시민들은 환호를 질렀다.

또한 시위대는 자유수출지역 인근의 양덕파출소를 부수고 들어갔다.
여기도 박정희의 사진을 불태우고 태극기를 들고 환호했다.
이어 예비군 무기고 탈취 시도를 설득하고 태극기를 앞장세워 마산상공회의소로 행진했다.

태극기를 들고 행진하는 시민 행렬은 400명이 넘었다. 모두 비장한 표정이었다.
이들은 도시 게릴라 양상으로 시위를 벌였고 손에는 모두 돌과 각목을 들고 있었다.

저녁 8시 40분.
회원파출소도 부서졌다. 경찰은 도망가기에 바빴다.
시위대는 수송트럭을 넘어뜨려 파손하고 경찰 오토바이와 자전거에 불을 질렀다.
이어 남성파출소, 북마산파출소, 자산피출소, 오동파출소….

3·15의거탑 인근에서는 시위대들이 시내버스를 운전해 경찰을 향해 돌진했다. 경찰들은 다급히 피신했다.
남성파출소에는 경찰서장이 숨었다가 돌에 맞기도 했다.
시위대는 연행된 20여 명을 구출해냈다.

9시 30분, 부산의 서면로터리.
대량의 병력이 배치되자 운집한 500명의 시위대가 해산했다.
로터리는 장갑차와 무장한 군인들이 장악했다.

밤 10시 15분.
마산 시위대는 중앙동의 시청을
공격했다.
철문 차단기를 부수고 들어갔고,
부시장과 간부 4명은 옥상으로
피신했다.
도로변의 창문이 모두 박살
났지만 시청 안의 기물은
시민의 재산이기에 파괴되지
않았다.

시위대는 마산세무서에도
돌을 던져 부가세 신설에
항의했다.
시위자들 대부분은 저층민
으로서 실업자, 단기 일용직,
노숙자, 신문팔이, 구두닦이
등이 많았다.
이들은 사복경찰에게 대거
끌려갔다.

밤 10시 30분.
마산경찰서에서 격렬한 대치가 벌어졌다.
시위대는 연좌농성을 벌이는 한편 아치모양의 광고판을 방패막이로 활용하기도 했다.

밤 10시 45분.
저층민으로 이뤄진 시위대는 민주공화당 국회의원 박종규의 집을 찾았다.
그리고 돌을 던지며 고함을 질렀다.
"잘 묵고, 잘 살아라!" 박종규의 집은 다른 시위대들에게 몇 차례 더 공격받았다.

밤 11시.
마산역에 무장한 병력이 트럭을 타고 장갑차와 함께 나타났다.
창원보병 39사단 대대병력이 시위 진압을 위해 투입된 것이다.

밤 11시 5분.
시위대는 마산의 법원과 검찰청에도 돌을 던져 부수기 시작했다.
어린 경비병은 겁에 질려 도망조차 가지 못했다.

격렬한 마산 시위대는 18일 하루에만 200명이 넘게 연행되었다.
경찰서 안은 경찰의 구타와 폭력적인 취조로 비명소리가 가득했다.

그렇게 격정적인 하루가 저물었다.
부산과 마산은 민주항쟁의 도시로서 밤을 맞이했다.

곽영화의 부마민주항쟁 그림일지

시월

19일과 그 이후

19일 아침.
이틀째 계엄령 아래 부산시민은 시청 앞에 주둔한 무장군인과 탱크와 장갑차를 마주하며 아침을 맞이했다.

마산에도 파괴된 파출소가 즐비했다.
부상자 또한 넘쳐났지만 어제 일을 다루는 방송과 언론의 보도는 없었다.
그렇게 하루가 시작되었다.

오전 10시.
아침부터 경남대학생은 창동의 남성파출소 앞에서 경찰과 대치했다.
오후 5시에는 계엄군 5공수여단 25대대가 마산으로 출동했다.
시내를 비롯해 진해와 마산을 잇는 마진고개에서도 시민들이 통제됐다.

저녁 7시 30분.
부산은 살벌한 계엄령이 떨어졌음에도 남포동 미화당백화점 앞에서 4일째의 시위가 열렸다.
400명이 넘는 학생들과 시민들이 운집했다.

파괴된 남포파출소는 또다시 파손되기 시작했다.
폭력 진압으로는 가로막을 수 없는 시민들의 시위가 시내 전역으로 거듭 번졌다.

저녁 6시.
마산 창동의 불종거리와 부림시장에는 중·고등학생들을 비롯해
시위를 준비하는 수많은 사람들이 서서히 모이기 시작했다.

저녁 8시.
경찰의 삼엄한 경비와 함께 시장의 가게들이 철시할 무렵….
"어이!" 신호와 함께 수백 명의 시민행렬이 코아빌딩 앞에서 시위대로 나타났다.

저녁 8시 30분.
오동파출소 앞에 1,500명의 시위대가 운집했다.
이들은 파출소에 불을 질렀고 시민들은 박수와 환호를 보냈다.
시위 행렬은 남성파출소, 오동파출소, 산호파출소 등을 차례로 무너뜨려나갔다.

MBC마산방송국 앞의 대규모 시위는 축제 분위기에 가까웠다. 시민들은 환호하고 박수 치며 그동안 눌린 억압된 자유를 즐겼다.
시위대는 경남매일신문사 등 언론사 건물도 차례로 무력화시켰다.

저녁 9시.
한 청년은 "죽이고 싶으면 죽여 봐라!"며 군인에게 윗도리 단추를 풀고 가슴을 내밀기도 했다.

3·15의거탑 앞에서 많은 시민이 장갑차와 탱크를 향해 돌을 던지고 저항했다.
북마산파출소 앞에는 500명의 시위대와 군인들이 대치하는 동안 수많은 돌멩이와 깨진 유리병이 난무했다.

산호동 가야백화점 도로에는 유리병과 깨진 보도블록, 각목이 산더미처럼 쌓였다.

밤 11시.
깊은 밤에도 경남대학생들은 마산의 산복도로에서 제일여고까지 시위를 이어갔다.
이에 맞서 경찰은 최루탄과 사과탄을 쏘며 무자비하게 행렬을 진압했다.
시민들의 피해가 속출했고, 피 흘리며 쓰러진 학생들이 늘어났다.

군인들은 시위대의 퇴로를 차단하며 골목으로 몰아넣었다.
그리고는 무차별적으로 구타하고 모두 연행했다.

군인과 경찰의 잔인한 진압으로 결국 사망자가 발생했다.
온몸을 무차별로 맞은 시신은 무참히 버려졌다.

17살 김주열의 꿈과 웃음이 있던 곳…
3·15의거의 도시 마산의 하루가 저물었다.

20일.
부산의 계엄군이 도시를 장악했다. 무장한 군인과 장갑차가 곳곳에 모습을 드러냈다.
마산은 정오에 위수령이 내려졌다.
연행된 시민과 학생은 대부분 오랫동안 혹독한 취조와 고문을 당했다.
그렇게 부산과 마산의 시위는 소강상태에 접어들었다.
하지만 두 도시의 불길을 이어받아, 서울을 비롯한 전국의 대학교에서 항쟁을 잇는 격렬한 시위가 벌어졌다.

26일.
부마항쟁이 일어난 지 열흘 후,
항쟁을 계기로 박정희 대통령은 부하 김재규의 총을 맞아 숨을 거뒀다.
독재였던 유신정권도 함께 몰락했다.

1979년 10월 16일에 시작된 부산과 마산의 민주항쟁은

18년간 계속된 박정희 정권의 막을 내리게 한 승리한 혁명이자

이승만 독재정권을 무너뜨린 4·19혁명의 정신을 잇는

민주항쟁의 역사인 위대한 시민혁명이 되었다.

작가의 말

부마민주항쟁의 기억을 펴내며

　　1980년대 중반, 6월항쟁이 한창일 때부터 늘 선후배님들은 부마항쟁을 다뤄야 한다며 제게 책무를 심겨주었습니다. 팍팍한 문화운동과 화가의 삶을 꾸리는 와중에 숙제처럼 남아 있던 작업을 이제야 마무리합니다.

　　부마항쟁은 우리나라의 4대 민주항쟁입니다. 부산과 창원의 시민의식이 메마르지 않도록 샘솟는 역사적 우물이기도 합니다. 지난날로부터 퍼 올린 이 물로 우리는 정치도 하고 경제도 하고 교육도 하고 공동체 생활도 해왔습니다. 그러나 그동안 부마항쟁이 저평가받고 있다는 느낌을 지우기 어려웠습니다. 하여 이번 결실에 작으나마 보람을 느낍니다.

　　익히 알고 있던 부산과 창원이지만 책을 만들기까지 2년간 현장을 답사했습니다. 항쟁에 참여했던 분들을 면담하고 온갖 연구자료와 기록물을 살폈습니다. 하나의 작품이 될 수 있도록 연출도 가미했습니다. 작품적 한계란 언제나 있을 수밖에 없기에, 부족한 점이 있다면 항쟁 관련자분들의 너른 양해를 부탁드립니다. 한 가지 바라는 점은 이 그림일지를 마중물 삼아, 제 미흡함을 뛰어넘는 새 작품들이 나타나는 것입니다. 다양한 형태의 시도가 생겨나 보다 많은 사람이 알아가는 부마항쟁을 기대하고 싶습니다.

흔히 작품은 작가가 만든다고 여겨지나 실상은 많은 분의 도움을 받아 탄생한다고 생각합니다. 제게 도움 주신 모든 분께 감사의 말씀을 드립니다. 작업 기간에 언제나 지원을 아끼지 않은 아내와 흔쾌히 답사를 챙겨 주신 창원의 친구들에게 감사의 말씀을 전합니다. 부마민주항쟁기념재단의 임직원들과 아낌없는 지원을 주신 호밀밭출판사 장현정 대표님과 직원 모두에게도 감사하다는 말을 드리고 싶습니다. 부마항쟁으로 고통과 희생을 겪었고, 아직도 아픔을 겪고 계시는 수많은 분께 미력하지만 책으로 위로의 말씀을 드립니다. 올바른 사회와 역사를 만드신 노고에도 깊은 감사를 전합니다.

2025년 10월

곽 영 화

세상 모든 것에 감탄하는
지혜로운 사람들의 공간
호밀밭

시월
곽영화의 부마민주항쟁 그림일지

ⓒ 2025, 곽영화

초판 1쇄   2025년 10월 16일

지은이   곽영화
펴낸이   장현정
편집   정진리
디자인   손유진
마케팅   최문섭
종이   세종페이퍼
제작   영신사

펴낸곳   호밀밭
등록   2008년 11월 12일(제338-2008-6호)
주소   부산광역시 수영구 연수로357번길 17-8
전화   051-751-8001
팩스   0505-510-4675
홈페이지 homilbooks.com
전자우편 homilbooks@naver.com

ISBN   979-11-6826-242-3(07650)

※ 이 책 내용의 전부 또는 일부를 재사용하려면 반드시 저작권자와 출판사의 동의를 받아야 합니다.
※ 가격은 뒤표지에 표시되어 있습니다.